Aaron Carr

El Monumento a Washington

AV2 SPANISH

www.av2books.com

Paso 1
Ingresa a **www.av2books.com**

Paso 2
Ingresa este código único
AVH59875

Paso 3
¡Explora tu eBook interactivo!

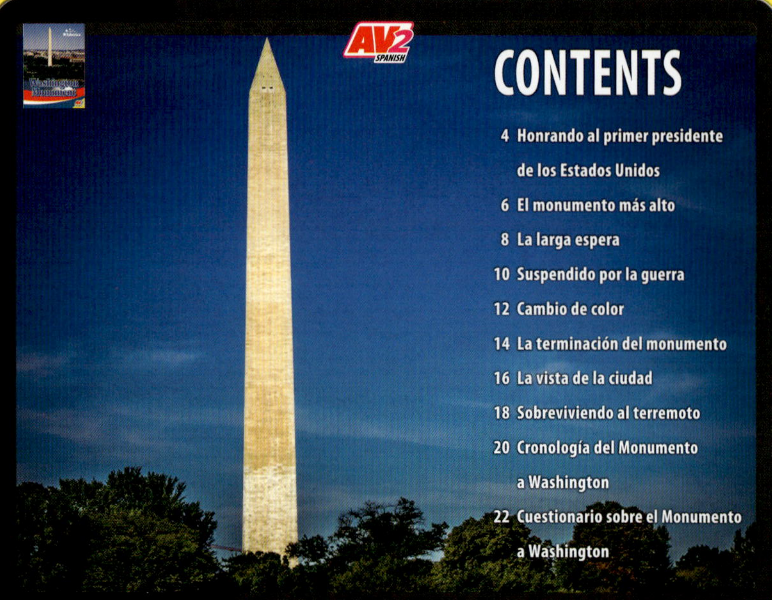

AV2 es compatible para su uso en cualquier dispositivo.

Tu eBook interactivo trae...

Contenido
Examina la página de contenidos para navegar fácilmente por los recursos

Audio
Escucha las secciones del libro leídas en voz alta

Videos
Mira videoclips informativos

Enlaces web
Obtén más información para investigar

Presentación de imágenes
Mira las imágenes y los subtítulos

¡Prueba esto!
Realiza actividades y experimentos prácticos

Palabras clave
Estudia el vocabulario y realiza una actividad para combinar las palabras

Cuestionarios
Pon a prueba tus conocimientos

Comparte
Comparte títulos dentro de tu Sistema de Gestión de Aprendizaje (LMS) o Sistema de Circulación de Bibliotecas

Citas
Crea referencias bibliográficas siguiendo el Manual de Estilo de Chicago

Este título está incluido en nuestra suscripción digital de Lightbox

Suscripción en español de K–6 por 1 año
ISBN 978-1-5105-5935-6

Accede a cientos de títulos de AV2 con nuestra suscripción digital.
Regístrate para una prueba GRATUITA en **www.openlightbox.com/trial**

El Monumento a Washington

CONTENIDOS

Honrando al primer presidente de los Estados Unidos

El Monumento a Washington es un obelisco de piedra que está en Washington, DC. Se ubica entre el Capitolio de los EE.UU. y el Monumento a Lincoln, en la Explanada Nacional, donde se encuentran varios monumentos y edificios gubernamentales. El monumento rinde **tributo** al liderazgo, la sabiduría y la fortaleza del primer presidente de los Estados Unidos.

George Washington fue presidente de los Estados Unidos entre **1789** y **1797**.

El monumento más alto

El Monumento a Washington tiene 555 pies (169 metros) de altura. Es el monumento más alto de Washington, DC. Cuando se terminó, en 1884, el Monumento a Washington era la estructura más alta de la Tierra.

En 1889, fue superado por la Torre Eiffel de París, Francia. Hoy, el Monumento a Washington sigue siendo la estructura de piedra individual más alta del mundo.

La larga espera

La primera idea para rendir tributo a George Washington fue construir una estatua de él montado en un caballo, pero los problemas con el lugar elegido para la estatua y los desacuerdos dentro del gobierno demoraron el plan muchos años y, finalmente, se abandonó. En 1833, se reavivó el interés por construir un Monumento a Washington y se eligió el diseño de Robert Mills, que era un alto obelisco de piedra.

El diseño original de Robert Mills consistía en la construcción del Monumento a Washington sobre un edificio circular de **250 pies** (76 metros) de ancho por **100 pies** (38 metros) de alto.

Suspendido por la guerra

En 1861, la **Guerra Civil** consumió muchos de los recursos del Norte y del Sur. Durante esa época, los bienes y servicios escaseaban. La Guerra Civil dejó al Norte y al Sur sin trabajadores calificados y sin piedra.

Los fondos para financiar el proyecto se agotaron y la construcción se detuvo. El monumento quedó incompleto por más de 10 años.

Cambio de color

La construcción se reanudó en 1876, pero pronto se dieron cuenta de que ya no podían conseguir la misma piedra original y debieron buscar otro **mármol**. Cuando los **ingenieros** eligieron la nueva piedra, parecía ser del mismo color, a pesar de venir de otra **cantera**. Con el paso del tiempo y la exposición, las piedras se erosionaron y adquirieron un color levemente diferente.

La terminacíon del monumento

El presidente Chester Arthur **dedicó** el Monumento a Washington el 21 de febrero de 1885. Sin embargo, el monumento tardó tres año más en abrirse al público debido a la construcción de un ascensor a vapor. Este ascensor fue reemplazado por uno eléctrico en 1901.

El Monumento a Washington en cifras

La vista de la ciudad

Desde el observatorio, los visitantes pueden ver toda la ciudad, incluido el Capitolio de EE.UU., la Casa Blanca, el Monumento a Lincoln, el Pentágono y el Monumento Nacional a la Segunda Guerra Mundial.

Mientras suben por el ascensor, los visitantes pueden ver las paredes interiores, revestidas con 193 piedras especialmente diseñadas. Estas piedras rinden homenaje a George Washington y fueron regalos recibidos de otros países del mundo.

Sobreviviendo al terremoto

En 2011, un terremoto de 5.8 grados dañó el monumento. Durante la reconstrucción, se utilizó un sistema de andamios mallados azules que pesaba 500 toneladas (454 toneladas métricas) para sostener el monumento. Además del terremoto de 2011, el Monumento a Washington sobrevivió a un huracán, una guerra y la caída de miles de rayos.

La reparación costó más de **$15 millones**. Ahora, el edificio es antisísmico.

Cronología del Monumento a Washington

1783	1848	1876	1884

Primeros planos

Se dibujan los primeros planos del Monumento a Washington.

Comienza la construcción

Comienza la construcción del monumento, siguiendo una versión modificada de los planos de Robert Mills.

Se reanuda la construcción

Se retoman las obras después de haber estado suspendidas por 15 años por la Guerra Civil y la **Reconstrucción**.

Terminación

El 6 de diciembre se coloca la última piedra en la punta del monumento. La construcción está terminada.

1933

Servicio de Parques Nacionales

El **Servicio de Parques Nacionales** comienza a manejar el Monumento a Washington.

2016

Renovaciones

El Monumento a Washington cierra para más renovaciones después de la **restauración** que se hizo a causa del terremoto de 2011. Se cambia el ascensor. El monumento permanece cerrado hasta septiembre de 2019.

2020

Se cierra nuevamente

La pandemia del COVID-19 afecta a muchos de los monumentos y sitios históricos de EE.UU. El Monumento a Washington permanece cerrado al público casi seis meses y reabre el 1 de octubre con más medidas de seguridad.

"My whole life has been dedicated to the service of my country...."

George Washington to James McHenry
July 4, 1798

Cuestionario sobre el Monumento a Washington

1. ¿Cuál es la altura del Monumento a Washington?

2. ¿Quién dedicó el Monumento a Washington?

3. ¿Cuándo se reanudó la construcción del Monumento a Washington?

4. ¿Cuántas piedras especialmente diseñadas revisten el interior del Monumento a Washington?

5. ¿Cuál era la idea original para rendir tributo a George Washington?

6. ¿Cuándo el Servicio de Parques Nacionales comenzó a manejar el Monumento a Washington?

7. ¿Dónde está ubicado el Monumento a Washington?

8. ¿Cuándo fue dañado el Monumento a Washington por un terremoto?

RESPUESTAS

1. 555 pies (169 m) **2.** El presidente Chester Arthur **3.** 1876 **4.** 193 **5.** Una estatua de George Washington montado a caballo **6.** 1933 **7.** Entre el Capitolio de EE.UU. y el Monumento a Lincoln, en la Explanada Nacional. **8.** 2011

Palabras clave

cantera: lugar de donde se saca la piedra usada para la construcción

dedicó: inauguró para uso público

Guerra Civil: guerra entre los estados del norte y los estados del sur de los Estados Unidos que duró desde 1861 hasta 1865

ingenieros: personas que diseñan objetos y estructuras complejas

mármol: tipo de roca fuerte compuesta principalmente por un material llamado calcita

Reconstrucción: período entre 1865 y 1877 en el que los estados del norte y del sur trabajaron juntos para reconstruir la unidad de los Estados Unidos

restauración: acción de volver a llevar a un objeto o estructura a su estado original

Servicio de Parques Nacionales: organismo perteneciente al gobierno de EE.UU. que maneja los parques nacionales, monumentos y sitios históricos de los Estados Unidos

tributo: algo que se construye o se entrega como muestra de respeto o gratitud

Obtén lo mejor de los dos mundos

AV2 acorta la brecha entre lo impreso y lo digital.

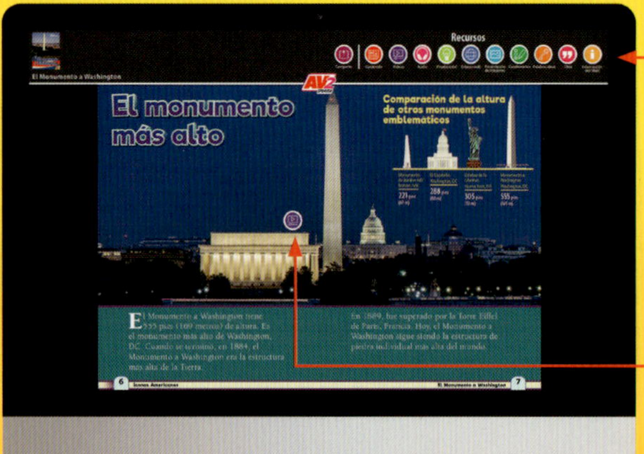

La barra de herramientas de recursos expansible permite acceder rápidamente a los contenidos, que incluyen **videos**, **audios**, **actividades, enlaces web**, **presentaciones de imágenes**, **cuestionarios** y **palabras clave**.

Los **videos animados** hacen que las imágenes estáticas cobren vida.

Los íconos de los recursos de cada página ayudan a los lectores a **explorar los conceptos más importantes**.

Published by AV2
276 5th Avenue, Suite 704 #917
New York, NY 10001
Website: www.av2books.com

Library of Congress Control Number: 2021941470

ISBN 978-1-7911-4124-0 (hardcover)
ISBN 978-1-7911-4125-7 (multi-user eBook)

Printed in Guangzhou, China
1 2 3 4 5 6 7 8 9 0 25 24 23 22 21

062021
101720

Designer: Terry Paulhus
Project Coordinator: Sara Cucini
Spanish Editor: Translation Services USA LLC

Photo Credits
Every reasonable effort has been made to trace ownership and to obtain permission to reprint copyright material. The publisher would be pleased to have any errors or omissions brought to its attention so that they may be corrected in subsequent printings. AV2 acknowledges Getty Images as its primary image supplier for this title.